Made in the USA
Monee, IL
03 October 2021

79254014R40066